PASOS DE ORO

HACIA LA

LIBERTAD FINANCIERA

PASOS DE ORO HACIA LA LIBERTAD FINANCIERA

INDICE

Comenzamos

La forma en que pensamos

Lo que hacemos en nuestras vidas

Jugar a ganar o perder

PASOS DE ORO HACIA LA LIBERTAD FINANCIERA

Comenzamos

Los pensamientos llevan a los sentimientos, los sentimientos llevan a las actividades y las actividades llevan a los resultados. Todo comienza con sus pensamientos, que son producidos por su cerebro. ¿No es sorprendente que nuestro cerebro sea prácticamente la base de nuestra vida y que, sin embargo, la mayoría de nosotros no tenga ni idea de cómo funciona este potente aparato? Así que empecemos por echar un simple vistazo a cómo funciona tu cerebro. Metafóricamente, tu mente no es más que un enorme archivador, similar a lo que encontrarías en tu oficina o en tu casa. Todos los datos que entran están etiquetados y archivados en carpetas para que sea fácil recuperarlos para ayudarte a sobrevivir.

¿Escuchaste eso? No dije que prosperaras, dije que sobrevivieras.

En cada situación, vas a los archivos de tu cerebro para determinar cómo reaccionar. Digamos, por ejemplo, que estás considerando una oportunidad financiera. Automáticamente vas a tu archivo etiquetado como dinero en efectivo y desde allí decides qué hacer. Los únicos pensamientos que puedes tener sobre el dinero en efectivo serán los que están almacenados en tu archivo de dinero en efectivo. Eso es todo en lo que puedes pensar, porque eso es todo lo que está en tu cerebro bajo esa categoría.

Echemos un vistazo a cómo usar estos archivos correctamente.

Secretos de la mente subconsciente de un millonario…

Cómo transferir tu plan financiero para crear riqueza ilimitada en piloto automático en la era de Internet.

La forma en que pensamos

Tú decides basado en lo que sientes que es lógico, juicioso y apropiado para ti en ese momento. Haces lo que crees que es la elección correcta. El asunto, sin embargo, es que tu elección correcta podría no ser una elección exitosa. De hecho, lo que tiene perfecto sentido para ti podría producir sistemáticamente resultados completamente pobres. Por ejemplo, digamos que estoy en el centro comercial. Veo este bolso verde a la venta con un 25 por ciento de descuento. Inmediatamente voy a mis archivos cerebrales con la pregunta "¿Debería conseguir este bolso?" En un nanosegundo, mis archivos cerebrales vuelven con la respuesta: "Has estado buscando un bolso verde que vaya con esos zapatos verdes que compraste la semana pasada. ¡Compáralo!"

Mientras corro a la caja, mi cerebro no sólo se emociona por tener este hermoso bolso, sino que brilla con orgullo porque tiene un 25% de descuento.

Para mi cerebro, esta compra tiene mucho sentido. Sin embargo, en ningún momento se le ocurrió a mi cerebro el pensamiento "Es verdad, este es un bolso verdaderamente bonito, y es verdad, es un buen negocio, pero hoy tengo una deuda de 3000 dólares, así que mejor espero". No se me ocurrieron esos datos porque ningún archivo de mi cerebro los contiene. El archivo de "Cuando estés endeudado, no compres más" nunca fue establecido y no existe, lo que significa que la elección específica no es una opción.

¿Me entiendes?

Nuestros cerebros

Si tú tienes archivos en tu gabinete que no son de apoyo para el éxito financiero, esas serán las únicas decisiones que puedes tomar. Serán instintivas, automáticas y tendrán mucho sentido para ti. Pero, en última instancia, seguirán produciendo fracaso financiero o mediocridad en el mejor de los casos.

Por el contrario, si tienes archivos cerebrales que respaldan el éxito financiero, llegarás de manera natural y automática a las opciones que producen el éxito. No tendrás que considerarlo. Tu forma normal de pensar resultará en el éxito, algo así como Donald Trump. Tu forma de pensar normal produce riqueza.

Cuando se trata de dinero en efectivo, ¿no sería increíble si pudieras pensar inherentemente en cómo piensa la gente rica? Bueno, ¡puedes hacerlo! El movimiento de apertura a cualquier cambio es la conciencia, lo que significa que el movimiento de apertura a pensar de la manera en que los individuos ricos piensan es saber cómo piensan los individuos ricos.

Los individuos ricos piensan de manera muy diferente a los pobres y a los de clase media. Piensan de manera diferente sobre el dinero, la riqueza, sobre sí mismos, sobre los demás y sobre cualquier otro aspecto de la vida. Vamos a examinar algunas de estas diferencias y, como parte de tu reacondicionamiento, instalaremos "archivos de riqueza" alternativos en tu cerebro.

Con los archivos frescos vienen nuevas

opciones. Puede que te sorprendas a ti mismo cuando estés pensando como los individuos pobres y de clase media y conscientemente cambies tu enfoque a cómo piensan los individuos ricos. Recuerda, tú puedes decidir pensar de manera que te apoye en tu felicidad y éxito en lugar de hacerlo de manera que no lo haga.

Algunas precauciones para empezar. De ninguna manera, forma o condición quiero degradar a los individuos pobres. No creo que los individuos ricos sean mejores que los pobres. Simplemente son más ricos. Al mismo tiempo, deseo asegurarme de que entiendan el mensaje, así que voy a hacer las distinciones entre los ricos y las pobres tan extremas como sea posible.

Cuando hablo de individuos ricos, pobres y de clase media, me refiero a su forma de pensar, a lo diferente que la gente piensa y actúa en lugar de la suma de dinero que tienen o su valor para la sociedad.

Voy a generalizar. Una vez más, mi objetivo es asegurarme de que entiendas el punto de cada principio y lo utilices. En general, no siempre me referiré a la clase media específicamente, porque los individuos de la clase media comúnmente tienen una mezcla de mentalidades de ricos y pobres.

Varios de los preceptos podrían parecer que tratan más con hábitos y actividades que con formas de pensar. Nuestras actividades provienen de nuestros sentimientos, los cuales provienen de nuestros pensamientos. Por consiguiente, toda actividad rica está precedida por una rica forma de pensar.

Por último, voy a pedirles que estén dispuestos a renunciar a tener la razón! Lo que quiero decir con esto es que estés dispuesto a renunciar a tener que hacerlo a tu manera. ¿Por qué?

Como tu manera te ha dado precisamente lo que tienes hoy. Si deseas más de lo mismo, sigue haciéndolo a tu manera. Sin embargo, si todavía no eres rico, quizás sea hora de que consideres otro camino. Depende de ti. Los conceptos que estás a punto de aprender son simples pero profundos.

Hacen verdaderos cambios para los individuos reales en la vida real. Si los aprendes y los utilizas, estoy seguro de que transformarán tu vida también.

Al final de cada sección, te encontrarás con

una proclamación y un movimiento físico con el que "anclarlo" en tu cuerpo. De la misma manera, encontrarás actividades que te ayudarán a adquirir este archivo de riqueza. Es crucial que pongas cada archivo en acción en tu vida tan rápido como sea posible para que el conocimiento pueda moverse a un nivel físico, celular y producir un cambio duradero y permanente.

La mayoría de los individuos entienden que somos criaturas de hábitos, pero lo que no reconocen es que en realidad hay dos tipos de hábitos: hábitos de hacer y hábitos de no hacer. Todo lo que no estás haciendo ahora mismo, lo estás haciendo con el hábito de no hacerlo.

La única manera de alterar estos hábitos de no hacer en hábitos de hacer es haciéndolos. Estudiar te ayudará, pero es un mundo completamente diferente cuando pasas de estudiar a hacer. Si realmente te tomas en serio el éxito, pruébalo y haz las actividades sugeridas.

Lo que hacemos en nuestras vidas

Si deseas producir riqueza, es crucial que confíes en que estás al volante de tu vida, particularmente de tu vida financiera. Si no confías en esto, entonces debe confiar inherentemente en que tienes poco o ningún control sobre tu vida y, por lo tanto, tienes poco o ningún control sobre tu éxito financiero. Esa no es una actitud de riqueza.

¿Alguna vez te has dado cuenta que son comúnmente los individuos pobres los que gastan una fortuna jugando a la lotería? Ellos realmente confían en que su riqueza va a venir de alguien que escoja su nombre de un sombrero. Seguro, todo el mundo desea ganar la lotería, e incluso los individuos ricos juegan por diversión de vez en cuando. Pero primero, no gastan la mitad de su sueldo en billetes, y segundo, ganar la lotería no es su principal "plan" para producir riqueza.

Tienes que confiar en que eres el que produce tu éxito, que eres el que produce tu mediocridad y que eres el que produce tu lucha en torno al dinero y el éxito. Consciente o inconscientemente, sigues siendo tú. En lugar de asumir la responsabilidad de lo que está sucediendo en sus vidas, los individuos pobres eligen jugar el papel de víctima. El pensamiento predominante de una víctima es a menudo "pobre de mí". Así que presto, en virtud de la ley de la intención, eso es literalmente lo que las víctimas obtienen: llegan a ser "pobres".

Nótese que he dicho que juegan el papel de víctima. No dije que fueran víctimas. No creo que nadie sea una víctima. Creo que los individuos juegan el papel de víctima, ya que creen que eso les da algo.

Lo que obtenemos

¿Cómo se puede saber cuando los individuos están jugando a ser la víctima? Dejan 3 pistas obvias.

Pista 1: Falla

Cuando se trata de por qué no son ricos, la mayoría de las víctimas son profesionales en el "juego de la culpa". El objetivo de este juego es ver a cuántos individuos y condiciones puedes señalar con el dedo sin verte nunca. Al menos es divertido para las víctimas. Lamentablemente, no es tan divertido para nadie más que esté lo suficientemente desafortunado como para estar cerca de ellos. Eso es porque los que están cerca de las víctimas se convierten en blancos fáciles.

Las víctimas culpan al sistema económico, al gobierno, a la bolsa de valores, a su corredor de bolsa, a su tipo de negocio, a su empleador, a sus empleados, a su gerente, a la oficina central, a su línea ascendente o descendente, al servicio al cliente, al departamento de envíos, a su socio, a su compañero, al poder superior, y naturalmente siempre culpan a sus padres. Siempre es otra persona o algo más la que tiene la culpa. El problema es cualquier cosa o persona menos ellos.

Pista 2: Racionalizar

Si las víctimas no son culpables, con frecuencia las encontrará racionalizando su situación diciendo algo como "El dinero no es realmente significativo". Déjame hacerte esta pregunta: Si dijeras que tu pareja, o tu novio, o tu compañero o tu amigo, no son tan importantes, ¿estaría alguno de ellos por mucho tiempo? No lo creo, y tampoco lo haría el dinero!

¿Tendrías una motocicleta si no fuera importante para ti? Naturalmente que no. ¿Tendrías una mascota si no fuera importante para ti? Naturalmente que no. De la misma manera, si no crees que el dinero es importante, no tendrás ninguna.

Puede que deslumbres a tus conocidos con

esta perspicacia. Imagina que estás en una conversación con un conocido que te dice: "El dinero no es importante". Pon su mano en la frente y mire hacia arriba como si estuviera recibiendo un mensaje de los cielos, luego grite: "¡Estás quebrado!" A lo que su escandalizado conocido responderá sin duda: "¿Cómo lo supo?" Entonces extiendes la palma de la mano y respondes: "¿Qué más deseas saber? ¡Son 50 dólares, por favor!" Déjame ponerlo de plano: ¡cualquiera que diga que el dinero en efectivo no es significativo no tiene ninguno!

Los individuos ricos entienden la importancia del dinero en efectivo y el lugar que tiene en nuestra sociedad. Por otro lado, los individuos pobres validan su torpeza financiera utilizando comparaciones irrelevantes. Ellos argumentarán, "Bueno, el dinero en efectivo no es tan significativo como el amor". Ahora, ¿esa comparación es densa o qué? ¿Qué es más crucial, tu brazo o tu pierna? Tal vez ambos sean significativos.

Escuchen, amigos míos: el dinero es extremadamente significativo en las áreas en las que trabaja, y excesivamente insignificante en las áreas en las que no lo hace. Y aunque el amor puede hacer que el mundo gire, ciertamente no paga la construcción de ningún hospital, iglesia o casa. Tampoco alimenta a nadie. Ningún individuo rico cree que el dinero no es significativo.

Pista 3: Lloriqueo

Lloriquear es lo peor que puedes hacer por tu salud o tu riqueza. ¡Lo peor! ¿Por qué? Soy un gran creyente en la ley universal que dice: "Lo que te centra se expande".

Cuando estás lloriqueando, ¿en qué te estás centrando, qué es lo correcto de tu vida o qué está mal en ella? Evidentemente te estás centrando en lo que está mal, y como lo que te centras se expande, seguirás adquiriendo más de lo que está mal. Muchos profesores en el campo del desarrollo personal discuten la Ley de la Atracción. Dice que "lo que es igual atrae a lo que es igual", lo que significa que cuando estás lloriqueando, realmente estás atrayendo "basura" a tu vida.

¿Alguna vez has notado que los quejumbrosos comúnmente tienen una mala vida? Parece que todo lo que podría salir mal les falla. Dicen, "Naturalmente me quejo, mira lo pésima que es mi vida". Y ahora que lo sabes mejor, puedes explicarles: "No, es porque te quejas que tu vida es tan pésima". Cállate... ¡y no te pares cerca de mí!"

Lo que nos lleva a un punto diferente. Tienes que asegurarte de no ponerte en la proximidad de los quejicas. Si tienes que estar cerca, asegúrate de llevar un paraguas de acero o la mierda destinada a ellos te atrapará también!

Aquí hay algunos preparativos que prometo que alterarán tu vida. Durante los siguientes 7 días, te reto a no quejarte en absoluto. No sólo en voz alta, sino también en tu cabeza. Pero tienes que hacerlo durante los 7 días completos. ¿Cómo es eso? Porque durante los primeros días, puede que todavía tengas alguna "basura residual" que te llegue de antes. Lamentablemente, la basura no viaja a la velocidad de la luz, ya sabes, viaja a la velocidad de la basura, por lo que puede tardar un tiempo en limpiarse.

Los fallos, la racionalización y los lloriqueos

son como píldoras. No son más que reductores de tensión. Alivian la tensión del fracaso. Considéralo. Si un individuo no estuviera fallando de alguna manera, forma o manera, ¿tendría que fallar, racionalizar o quejarse? La respuesta obvia es no.

De ahora en adelante, cuando te escuches a ti mismo fallando, racionalizando o quejándote desastrosamente, deja de hacerlo inmediatamente. Recuérdate a tí mismo que estás produciendo tu vida y que en cada momento estarás atrayendo el éxito o la mierda a tu vida. Es crucial que elijas tus pensamientos y palabras sabiamente!

Ahora estás listo para escuchar uno de los mayores secretos del mundo. ¿Estás preparado? Lee esto con precaución: ¡no existe una víctima verdaderamente rica! ¿Lo has entendido? Además, ¿quién escucharía?

"Whaa, tengo un rasguño en mi yate." A lo que casi todo el mundo respondería: "¿A quién le importa?"

¿Qué obtienen los individuos de ser una víctima? La respuesta es atención. Créeme; es casi imposible ser realmente feliz y exitoso cuando estás perpetuamente buscando atención. Porque si es atención lo que deseas, estás a merced de otras personas.

Comúnmente terminas como un "complaciente de la gente" rogando por aprobación. La búsqueda de atención también es un problema, ya que los individuos tienden a hacer cosas estúpidas para conseguirla.

Ahora, como dije, no existe tal cosa como una víctima rica. Así que para seguir siendo una víctima, los buscadores de atención se aseguran de que nunca se hagan ricos. Es hora de elegir. Puedes ser una víctima o puedes ser rico, pero no puedes ser ambas cosas.

Escuchen. Cada vez, y me refiero a cada vez que culpen, racionalicen o se quejen, están cortando su garganta financiera. Es hora de recuperar tu poder y reconocer que produces todo lo que está en tu vida y todo lo que no está en ella. Reconozca que usted produce su riqueza, su no-riqueza, y cada nivel intermedio.

Proclamación: Ponga su mano en su corazón y diga...

"¡Produzco el nivel preciso de mi éxito financiero!"

Toca tu cabeza y declara...

"¡Tengo una mente millonaria!"

1. Cada vez que te sorprendas a tí mismo fallando, racionalizando o lloriqueando, desliza tu dedo índice a través de tu cuello, como un disparador para indicarte a tí mismo que estás cortando tu garganta financiera. Aunque este gesto pueda parecer un poco burdo para hacerse a sí mismo, no es más burdo que lo que se hace a sí mismo al culpar, racionalizar o quejarse, y finalmente funcionará para aliviar estos hábitos destructivos.

2. Realiza un "informe". Al final de cada día, anota una cosa que salió bien y otra que no. Luego escribe la respuesta a la pregunta que acompaña a la pregunta: "¿Cómo produje

cada una de estas situaciones?" Si otras personas estaban involucradas, pregunta: "¿Cuál fue mi parte en la producción de cada una de estas situaciones?" Este simulacro te hará responsable de tu vida y te hará consciente de las técnicas que te funcionan y las que no.

Jugar a ganar o perder

Los individuos pobres juegan el juego de dinero en efectivo en la defensa en lugar de la ofensiva. Déjame preguntarte: Si jugaras cualquier deporte o cualquier juego puramente en defensa, ¿cuáles son las posibilidades de que tengas éxito en ese juego? La mayoría de los individuos estarían de acuerdo, pocas y ninguna. Sin embargo, así es precisamente como la mayoría de los individuos juegan el juego de dinero. Tu principal preocupación es la supervivencia y la seguridad en lugar de producir riqueza y abundancia.

Entonces, ¿cuál es Tu objetivo? ¿Cuál es su objetivo? ¿Cuál es su verdadera intención? La meta de los individuos realmente ricos es tener una riqueza y abundancia monumental. No sólo algo de dinero, sino mucho dinero. Entonces, ¿cuál es la gran meta de los individuos pobres? "Tener suficiente para pagar las cuentas... ¡y a tiempo sería un milagro!" déjame decirte del poder de la intención. Cuando tu intención es tener suficiente para pagar las cuentas, eso es precisamente lo que vas a adquirir, lo suficiente para pagar las cuentas y ni un centavo más.

Los individuos de clase media por lo menos van un paso más allá... lástima que sea un paso de enanos. Su gran meta en la vida también es su palabra favorita en todo el mundo. Simplemente desean estar "cómodos". Odio darte la noticia, pero hay una gran diferencia entre estar cómodo y ser rico.

Logros

Tengo que admitir que no siempre reconocí eso. Pero una de las razones por las que confío en que tengo derecho a escribir este libro es que he tenido la experiencia de estar en los tres lados de la proverbial valla. He estado súper quebrado, como cuando tuve que pedir prestado un dólar para la gasolina de mi auto. Pero déjenme calificar eso.

En primer lugar, no era mi coche. Segundo, ese dólar vino en forma de 4 cuartos. ¿Saben lo vergonzoso que es para un adulto pagar la gasolina con 4 monedas de 25 centavos?

El niño en la bomba de gasolina me miró como si fuera una especie de ladrón de máquinas expendedoras y luego simplemente sacudió la cabeza y se rió. No sé si te puedes identificar, pero definitivamente fue uno de mis puntos bajos financieros y lamentablemente solo uno de ellos.

Una vez que me organicé, me gradué al nivel de estar cómodo. Cómodo es agradable. Por lo menos uno va a restaurantes decentes para variar. Pero casi todo lo que podía pedir era pollo. No hay nada malo con el pollo, si es lo que realmente quieres. Pero a menudo no lo es.

De hecho, las personas que sólo están cómodas financieramente, comúnmente deciden qué comer viendo el lado derecho del menú, el lado del precio. "¿Qué te gustaría cenar esta noche, querida?" "Tomaré este plato de 8 dólares. Veamos qué es. Sorpresa, es el pollo", por decimonovena vez esta semana!

Cuando uno está cómodo, no se atreve a dejar que sus ojos vean la parte inferior del menú, porque si lo hiciera, podría encontrarse con las palabras más prohibidas del diccionario de la clase media: ¡valor de mercado! Y aunque tengas curiosidad, nunca te preguntarás cuál es el precio real. En primer lugar, como sabes que no puedes permitírtelo.

Segundo, es francamente embarazoso una vez que uno sabe que el camarero no le cree cuando le dice que el plato cuesta $46 con guarniciones adicionales y uno declara: "¿Sabe qué?, de alguna manera, tengo un verdadero antojo de pollo esta noche".

Tengo que decir que para mí personalmente, una de las mejores cosas de ser rico es no tener que ver los precios en el menú por más tiempo. Como precisamente lo que deseo comer, independientemente del precio. Les aseguro que no lo hice cuando estaba en quiebra o cómodo.

Todo se reduce a esto: Si tu objetivo es estar cómodo, lo más probable es que nunca te hagas rico. Pero si tu meta es ser rico, lo más probable es que termines muy cómodo.

Entre los principios que enseño está "Si disparas a las estrellas, de todas formas le darás a la luna". Las personas pobres ni siquiera disparan al techo de su casa, y luego se preguntan por qué no tienen éxito. Bueno, acaban de aprender.

Consigues lo que realmente quieres conseguir. Si deseas hacerte rico, tu objetivo tiene que ser ser rico. No tener suficiente para pagar las cuentas, y no simplemente tener suficiente para estar cómodo. Riqueza significa riqueza!

Proclamación: Pon tu mano sobre tu corazón y tu estado...

"¡Mi destino es convertirme en millonario y más!"

Toca tu cabeza y declara...

"¡Tengo una mente millonaria!"

1. Pon 2 objetivos financieros que demuestren tu intención de producir abundancia, no mediocridad o pobreza.

2. Escribe las metas de "jugar para ganar" para tu:

a. 1. Ingresos anuales

b. Valor neto

Haz que estas metas se puedan alcanzar con un marco de tiempo honesto, pero al mismo tiempo recuerda "disparar a las estrellas".

2. Ve a un restaurante de lujo y pide una comida a "valor de mercado" sin preguntar cuánto cuesta. (Si las finanzas están apretadas, se acepta compartir.) ¡No hay pollo!

ADELANTE!
VE POR TU
LIBERTAD FINANCIERA

Visita nuestra página de autores en Amazon! ¡Y consigue más MENTES LIBRES!

http://amazon.com/author/menteslibres

Si lo deseas, puedes dejar tu comentario sobre este libro haciendo clic en el siguiente enlace para que podamos seguir creciendo! ¡Muchas gracias por tu compra!

https://www.amazon.com/dp/B0836R1WF2

www.ingramcontent.com/pod-product-compliance
Lightning Source LLC
Chambersburg PA
CBHW070843220526
45466CB00002B/872